中国地理大通关

迟红叶◎编著

U0952961

中国宇航出版社
·北京·

图书在版编目（CIP）数据

中国地理大通关 / 迟红叶编著. -- 北京 : 中国宇航出版社, 2025.2
ISBN 978-7-5159-2338-3

Ⅰ. ①中… Ⅱ. ①迟… Ⅲ. ①地理－中国－儿童读物 Ⅳ. ①K92-49

中国国家版本馆CIP数据核字(2024)第010866号

策划编辑	谭　颖	封面设计	王晓武
责任编辑	谭　颖	责任校对	吴媛媛

出　版 发　行	中国宇航出版社		
社　址	北京市阜成路 8 号 （010）68768548	邮　编	100830
网　址	www.caphbook.com		
经　销	新华书店		
发行部	（010）68767386 （010）68767382		（010）68371900 （010）88100613（传真）
零售店	读者服务部 （010）68371105		
承　印	北京中科印刷有限公司		
版　次	2025 年 2 月第 1 版		2025 年 2 月第 1 次印刷
规　格	880 × 1230	开　本	1 / 32
印　张	6.5	字　数	105 千字
书　号	ISBN 978-7-5159-2338-3		
定　价	49.80 元		

本书如有印装质量问题，可与发行部联系调换

前言

中国是世界面积第三大的国家，陆地面积约960万平方千米。全国可划分为23个省、5个自治区、4个直辖市和2个特别行政区。辽阔的地域有着复杂的地形，山地、高原和丘陵约占全国总面积的三分之二，盆地和平原约占三分之一。还有长达1.8万多千米的海岸线，造就了千变万化的海岸景观。北部的黑龙江千里冰封，南部的海岛椰林飘香，西部的高原雄伟壮丽，东部的平原辽阔广袤。华北平原一望无际，黄土高原苍凉壮阔，大西北的牧场广阔无垠，江南的湖泊星罗棋布，青藏高原号称“世界屋脊”，辽阔的东海碧波荡漾，秀丽的雪山银装素裹，广阔的丘陵延绵起伏……中国大地处处都是美不胜收的自然风光。

中国是一个历史悠久的国家，早在一百万年前就有人类生活的踪迹，有文字可考的历史有将近五千年。在这五千年中，不同的王朝在这里发展壮大，谱写各自风华；不同的民族在这里繁衍生息，相互融合又各自发展。这辉煌的历史像灿烂的诗篇，在中华大地上留下了许多名胜古迹——长城像一条巨龙横卧在八达岭上；故宫是全世界规模最大、保存最完整的古代皇宫建筑群，代表着中国古代建筑的最高水平；还有享誉世界的敦煌莫高窟、规模宏大的布达拉宫……它们见证着中国的历史，是古代劳动人民智慧的结晶。

本书为读者精选全国各地的自然和人文景观，并配以精美的插图，用生动形象的语言展现了每个地方的地理景观。我们将从北京出发，按照精心设定的路线前进，如同踏上一场梦幻般的全国之旅。

希望本书能成为读者探索中国地理的一扇窗口，更好地了解我们生活的这片土地。

目录

北京

在中国地图上，北京位于华北地区。北京是中国的首都，也是一座古老的都城。如今，这里汇聚着来自全国各地乃至世界各地的人群，融合了古今中外的多元文化，形成了自己独有的特色。我们的行程，就从这里开始。

中轴线

北京成为大一统王朝的都城且对后世都城格局产生深远影响，是从元代开始的。为了强调帝王和都城的中心地位，元代皇帝在城市中心设置了一条中轴线，建筑以中轴线为中心往四周延伸。现在，北京城还延续着这样的中轴线建筑格局。

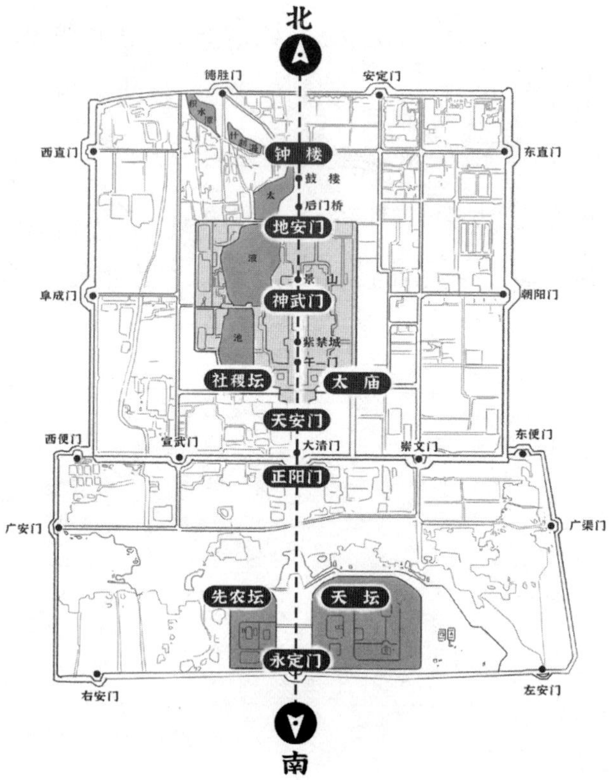

▲ 北京中轴线南起永定门，北至钟鼓楼，全长约 7.8 千米

故宫

中轴线的中心是故宫，它是明清两朝的皇宫，也叫紫禁城，有24位皇帝曾经居住在这里。故宫是中国现存规模最大、最完整的古建筑群，由大大小小十几个院落组成，一共有9000多间房屋。

天安门

天安门原本是明清时期皇城的正门，新中国成立后，天安门广场成为举行重大庆典、盛大集会以及外事迎宾的重要场所。广场中心矗立着人民英雄纪念碑，南面是毛主席纪念堂。现在，广场上每天都会举行庄严的升国旗仪式，可以预约前去观看。

皇家园林

作为古老的都城，北京西郊留存着诸多皇家园林。春日在颐和园泛舟，秋日于静宜园观红叶。曾被称为“万园之园”的圆明园遭列强摧残，如今留下的遗迹，不仅是历史的见证，更是开展爱国主义教育的基地。

八达岭长城

来到北京，不能不去爬长城。长城最早是春秋时期各诸侯国为了互相防御而修建的，后来秦始皇把北方的各段长城连接起来，筑成了万里长城。不过，现存的长城多是明朝修建的。

胡同

老北京的街巷被称为“胡同”，其起源可追溯至元代。鼎盛时期，北京的胡同多达数千条。这些胡同纵横交错，是老百姓生活居住的地方，也是北京的一大特色。如今，在大栅栏和南锣鼓巷等街区还保留着胡同。

国家奥林匹克体育中心

2008年，中国首次承办奥运会，地点就在北京的国家奥林匹克体育中心。现在，奥运会的标志性建筑鸟巢、水立方等，依旧向人们展示着独特的建筑魅力。

北京环球度假区

如今的北京城是一座国际化的现代都市，城中高楼林立，交通繁忙。位于通州区的北京环球度假区是全球第五座环球影城主题乐园，在这里，我们能感受到北京这座现代城市的活力。

吃在北京

▲ 北京烤鸭

▲ 老北京炸酱面

▲ 京酱肉丝

▲ 卤煮

天津

从北京出发，半小时高铁车程便能到达天津。这是我国最早设立的直辖市，由于对保卫北京有着重要地位，还曾被称为“天津卫”。“天津”这个名字，是“天子渡口”的意思。优越的地理位置和古老的历史渊源，赋予了天津这座城市独特的魅力。

津门故里

天津发展为城市，是伴随着隋朝大运河的开通而开始的。元朝时期海运兴盛，来来往往的船只在海河沿岸聚集，形成了繁华的街区。人们在这里建造了供奉护海女神的天后宫，祈求出海平安。如今，这一带被改造成天津古文化街，又称“津门故里”。来天津，一定要到这里来感受古老的天津文化。

五大道

在新中国成立前，天津曾长期被列强侵占。他们在天津设立了租界，留下了具有西方特色的洋楼建筑。五大道就是天津保留最完好的洋楼建筑群，有英、法、德、意、西等国的哥特式、巴洛克式、拜占庭式等建筑，五大道也因此被称为“万国建筑博览馆”。

天津之眼

摩天轮大家肯定坐过，但你坐过横跨在河上的摩天轮吗？“天津之眼”就是这样一座特殊的摩天轮，它坐落在永乐桥上，横跨海河两岸，是世界上唯一一座建在桥上的摩天轮。“天津之眼”有48个透明座舱，高约120米，到达最高点可以俯瞰方圆几十千米的美景，已成为天津市的地标性建筑。

南开中学和南开大学

提起天津的学校，不能不提南开。一百多年前，近代教育家严修、张伯苓在天津改革旧式教育，推进新学，以救国、强国为目标，创办了南开系列学校。其中最为人熟知的就是周恩来总理曾就读的南开中学和南开大学。一直到现在，这两所学校仍是国家级重点中学和重点大学。

吃在天津

▲ 狗不理包子

▲ 十八街麻花

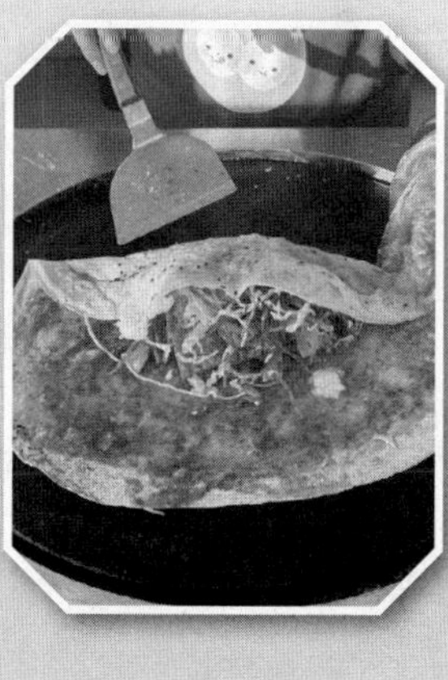

▲ 煎饼果子

河北

古老的中华文明起源于黄河流域。河北省位于黄河下游以北，西倚太行山，东临渤海。春秋战国时期，这里是燕国和赵国的土地，所以也被称为“燕赵之地”。如今，河北省留存着许多名胜古迹，它静静地环绕着北京和天津两座直辖市，向我们展示千年时光留下的印记。

碣石山和山海关

从天津出发，乘坐游艇沿着海岸线一路北上，经过北戴河，就来到了河北最东边的秦皇岛市。这是一座古老的城市，“秦皇岛”的名字便是秦始皇东巡时经过这里而留下的。在渤海边不仅有秦始皇登临过的碣石山，还有明长城最东边的起点——山海关，旅游资源十分丰富。

承德避暑山庄

承德是秦皇岛的西邻，也与北京相邻。由于地理位置优越、气候宜人、景色优美，康熙皇帝在这里修建避暑山庄，成为清朝帝王夏日避暑和处理政务的场所。据说“承德”便是“承受皇帝的恩德”之意。现在避暑山庄已经成为旅游胜地，可以在这里欣赏中国古代皇家园林的风采。

西柏坡景区

河北省的省会是石家庄，从承德一路向西南，途经北京和保定便可到达石家庄。石家庄历史悠久，相传三国时期赵云的故乡常山郡就在这一带。解放战争时期，解放军总部进驻石家庄西柏坡，这里成为当时中国革命的领导中心。来到西柏坡景区，人们可以参观革命旧址，感受爱国精神的熏陶。

赵州桥

你还记得《赵州桥》这篇课文吗？这座大名鼎鼎的石拱桥，位于石家庄市赵县城南的洨河上，又名安济桥。它从隋朝时就矗立在这里，已经有 1400 多年的历史。这座桥的设计与工艺堪称世界桥梁史的典范，体现了我国古代劳动人民的智慧。

古城邯郸

“邯郸”这两个字，我们常在成语、典故中见到。最熟悉的应该是“邯郸学步”，讲述一个少年学习邯郸人走路，结果反而忘了自己原来如何走路的故事。邯郸是战国时期赵国的都城。现在的邯郸城里，还留有赵邯郸故城遗址，为我们讲述着千年前的悠悠往事。

吃在河北

▲ 驴肉火烧

▲ 香河肉饼

▲ 锅包肘子

山东

山东省的“山”，指的是太行山。山东在地理位置上比河北更偏东，它是中华民族在黄河流域重要的发祥地之一，其大部分地区都在黄河以南。早在商朝时期，这里就是统治中心地带。后来周朝分封诸侯，将姜太公封在齐国，周公封在鲁国，所以后人也把这一区域称为“齐鲁大地”。

泰山

泰山在我国历史上有着不同寻常的文化意义。古代帝王将其视为可以与上天沟通的圣地，常在泰山山顶筑坛祭天，此仪式被称为“封禅”。泰山位于山东省泰安市，自汉朝确定五大名山以来一直是五岳之首。泰山既有壮阔的自然景观，又有众多碑刻及建筑遗址，兼具自然和文化之美。

蓬莱阁

在古老的传说中，蓬莱是海上仙人居住的仙境。从唐朝开始，人们就在蓬莱一带修建寺庙，北宋时建成蓬莱阁，与湖南岳阳楼、江西滕王阁、湖北黄鹤楼并称为“中国四大名楼”。这里流传着八仙过海的传说，还有可能观赏到海市蜃楼的奇特景观。

奥林匹克帆船中心

青岛是中国帆船运动的发源地，被誉为“帆船之都”。2008 年北京奥运会的帆船比赛便是在青岛奥林匹克帆船中心举行的。现在，这里已被打造成奥帆海洋文化旅游区。

台儿庄古城

台儿庄古城曾是京杭大运河中心的一段繁华区域。然而，在抗日战争初期的台儿庄大战中，古城遭受重创沦为废墟。如今，人们重建起古城，不仅还原了古城的盛景，还建造了台儿庄大战纪念馆，以此来展现抗日战争中爱国将士的壮举。

曲阜孔庙

山东济宁的曲阜是伟大的圣人孔子的故乡。这里不仅有孔子的故居和墓葬，还坐落着大名鼎鼎的曲阜孔庙。曲阜孔庙的历史可以追溯到春秋时期的鲁哀公时代，在孔子去世的第二年，人们便建造了孔庙来祭奠他。

吃在山东

▲ 油焖大虾

▲ 黄焖鸡

▲ 九转大肠

河南

河南，从字面意思上理解，指黄河以南的区域。这里是华夏文明重要的发源地之一，古老的夏、商、东周，都定都在河南一带。长期以来，河南地区一直是中原文化的典型代表区域。如今，河南省内古迹众多，洛阳、开封、安阳、郑州等多个古都坐落于此，文物资源十分丰富。

安阳殷墟

商朝中期发生九世之乱，导致国都多次迁徙，最终在殷地（今安阳一带）稳定下来。安阳殷墟出土了大量商朝遗物，这些遗物是研究商朝历史的重要依据。殷墟是我国历史上第一个有文献可考的古代都城遗址，甲骨文就是在这里发现的。

东都洛阳

洛阳是中国历史上与长安齐名的古都，因其位于长安东面，所以常被称为“东都”。洛阳始建于周朝，随后的东周、东汉、三国曹魏、西晋、北魏、隋朝、唐武周、五代梁和唐，都曾在这里建都，号称“九朝古都”。洛阳城中也因此留下了不少古都遗址，历史气息十分浓厚。

龙门石窟

龙门石窟分布在洛阳城南的龙门山一带。传说中，这里是大禹治水时开凿的，由此产生了成语“鱼跃龙门”。然而，龙门石窟和大禹并无关联，它是北魏时期开凿的佛教石窟，历经多个朝代，一直到唐朝才完工。石窟的佛像表情生动，雕刻刀法圆熟精湛，堪称中国石窟艺术的“里程碑”式作品。

嵩山少林寺

嵩山位于河南郑州登封市，是“五岳”的中岳。嵩山七十二峰名胜古迹众多，其中最为人们熟知的还属少林寺。少林寺本是一座佛教寺庙，因其武僧创立的少林功夫而闻名于世。

清明上河园

开封古称汴梁、汴京，是我国著名的古都，五代时期的梁、晋、汉、周以及北宋都曾在这里建都，北宋时又被称为“东京”。传世名画《清明上河图》，描绘的就是当时东京的繁荣景象。如今，开封市修建了清明上河园，再现了这幅名画中的大宋盛景。

吃在河南

▲ 道口烧鸡

▲ 黄河大鲤鱼

▲ 牡丹燕菜

▲ 河南烩面

▲ 胡辣汤

安徽

安徽有着悠久深厚的文化底蕴，它的名字取自曾经极为繁荣的安庆和徽州。安徽的自然风光与水密切相关，长江、淮河横贯全省，南部多丘陵，组成了山水相映的秀丽风光。“一生好为名山游”的诗仙李白，就十分钟爱安徽的美景，在这里留下了许多动人的诗篇。

涂山与垓下遗址

安徽的历史可追溯到远古时期。传说中，大禹治水曾劈开涂山，并娶涂山氏为妻，涂山就在今安徽省蚌埠市内。此外，蚌埠的垓下遗址还留存着新石器时代人类生活的遗迹。

琅琊山醉翁亭

滁州被我们熟知，得益于北宋大文豪欧阳修曾在这里任太守，并留下了那篇千古传诵的《醉翁亭记》。“醉翁之意不在酒，在乎山水之间也。”一句话就写尽了琅琊山的美景。

九华山

九华山的名字来源于李白的诗句："妙有分二气，灵山开九华。"当然，它最为人称道的还是云雾缭绕的美景和文人留下的诗文。九华山所在的池州市，还拥有李白诗中大名鼎鼎的秋浦，同样值得前去参观。

黄山

古徽州现已更名为"黄山市"，其市名来自境内的黄山。黄山历经亿万年的造山运动和自然演变，形成了独特的地貌景观，素来以奇松、怪石、云海、温泉闻名于世，民间更有"五岳归来不看山，黄山归来不看岳"的说法。

采石矶

李白与安徽有着深厚的渊源。他的晚年在安徽马鞍山当涂度过，最终在采石矶附近离世。采石矶文化旅游区巧妙地将李白的诗意融入当地的山水美景中，使游客领略到李白的浪漫情怀。

吃在安徽

▲ 太白鱼头

▲ 银鱼蒸蛋

▲ 徽州臭鳜鱼

▲ 阜阳格拉条

▲ 徽州圆子

江苏

在辽阔的中华大地上，长江、黄河一南一北，连同周围的水网，滋养着灿烂的华夏文明。江苏地处长江下游，是一片开阔的平原。这里水网密布，气候湿润，优越的自然环境使这里自古便是富庶之地，也由此衍生出追求雅致、重礼崇文的江南文化。

中山陵

钟山又叫紫金山，位于南京东郊。孙中山先生在南京时，十分喜爱钟山一带的风景。他去世后，人们遵照他的遗愿，在钟山为他修建了中山陵。在南京，还有许多与孙中山先生有关的地名，比如中山大道、中山桥等。

瘦西湖

“故人西辞黄鹤楼，烟花三月下扬州”，扬州是一座古老的城市，春秋时曾是吴国的都城。瘦西湖的景色极具江南水乡特点，其中二十四桥更是山清水秀，风光旖旎。唐朝诗人杜牧曾在这里留下“二十四桥明月夜，玉人何处教吹箫”的千古名句。

太湖风光

太湖是我国第三大淡水湖，位于江苏省南部。湖中水产资源丰富，有“太湖三白”即银鱼、白鱼、白虾，还有太湖珍珠、太湖蟹，孕育了沿岸富饶的“鱼米之乡”。湖岸风光宜人，分布着众多景点。

苏州园林

苏州园林是江南园林的典型代表，充分地体现了江南文化的特点。它注重在有限的空间里，利用花木、建筑、碑石等，形成虚实结合、曲折含蓄的空间布局，创造人与自然和谐相处的环境，呈现出小中见大的艺术效果。

吃在江苏

▲ 盐水鸭

▲ 蟹粉狮子头

▲ 大煮干丝

▲ 阳澄湖大闸蟹

上海

上海位于长江最下游，奔流的长江到这里流速变缓，河口变宽，最终在上海北部汇入东海。上海是直辖市，经济发展迅速，是一座国际化大都市。现代化的上海高楼林立、熙攘繁华，正向全世界展现着它的独特魅力。

黄浦江

黄浦江是长江的一条支流，它从上海西部的青浦区流入，在闵行区折向北流，最终在吴淞口汇入长江。作为上海最大的河流，黄浦江将上海市区分成浦东和浦西两大块，两岸可以通过轮渡来往。这里还有游船能游览黄浦江两岸的美景，夜晚时，江岸灯火辉煌，尽显都市繁华。

外滩

外滩地处黄浦江西岸，清末至民国时曾是旧上海的租界。时至今日，这里沿途仍矗立着20多座风格迥异的古典复兴大楼，向人们展示着旧上海十里洋场的风貌。从外滩沿着黄浦江岸前行，还有黄浦公园、外白渡桥等景点。

弄堂和石库门

老上海的街巷被称为“弄堂”，组成弄堂的民居别有特色，被称为“石库门”，接近江南传统的二层三合院或四合院，以石头做门框，用厚厚的实心乌木做门，门头上有丰富的装饰。

现在浦西设有专门的石库门景区，人们在此可以一览老上海弄堂的风采。

城隍庙

城隍庙是供奉城隍神的地方。上海城隍庙历史悠久，原本是祭祀汉代大将军霍光的祠庙，明朝永乐年间改建为城隍庙，后来遭到毁坏，新中国成立后得以重建。现在，上海城隍庙每年会定期举办庙会，人们不仅可以参与丰富多彩的民俗活动，观赏精美的民间工艺，还能品尝地道的小吃。

东方明珠塔

与外滩隔江相望的是浦东新区的陆家嘴。这里是上海国际金融中心的核心区域，有许多现代化的高楼大厦。著名的东方明珠塔就坐落在这里。东方明珠是一座广播电视塔，塔高 468 米，除了自身的数据传输和无线电通信功能外，还可供人们观光、娱乐。登上不同高度的观光层，可以从多个角度俯瞰黄浦江两岸的美景。

豫园

现代化的上海从地域上属于江南，因此城中还留有雅致的江南园林。上海有豫园、古猗园、曲水园、醉白池、秋霞圃五大古典园林，豫园名列首位。豫园本是明朝嘉靖年间官员潘允端的私人府邸，如今已成为全国重点文物保护单位。走进豫园，只见水面楼台，曲廊回环，有虚有实，可以感受到江南园林的雅致风貌。

吃在上海

▲ 红烧肉

▲ 八宝鸭

▲ 草头圈子

▲ 南翔小笼包

▲ 葱油拌面

浙江

浙江的名字，来自钱塘江的旧称。浙江是我国南方地区重要的文明发祥地，丰富的水网和丘陵地形又造就了这里山清水秀的自然风光。浙江的美景各具特色，北部平原自古是江南富庶之地，南部山地林木葱郁、山色秀丽，东部海滨则海岸曲折、岛屿众多。

千年古镇

嘉兴的历史可以追溯到七千年前，在这里发现的马家浜遗址是新石器时代文化的代表。后来，这里渐渐发展为城镇，最典型的就是乌镇。小镇民居沿河分布，是典型的江南水乡古镇。与之类似的还有西塘，都是拥有上千年历史的古镇。

西湖

西湖的大名应该是无人不知了，它是杭州城里的一个天然湖泊，沿岸风光秀美，曾有无数文人在这里留下脍炙人口的诗篇，更有数不尽的历史遗迹和传说。西湖十景每一处都极尽浪漫，“暖风熏得游人醉”，整个杭州城都由于西湖而增添了几分旖旎的风情。

千岛湖

杭州的美景，处处都不同。千岛湖的美和西湖大不相同。这是一个为修建新安江水库而形成的巨型人工湖，因湖中散布的上千岛屿而得名。天气晴好时，这些岛屿在阳光下熠熠生辉，湖面波光粼粼，沿岸群山叠翠，宛如一幅绝美的山水画卷。

钱塘江

浙江省的名字来源于钱塘江的旧称，杭州城也曾得名“钱塘”，足见钱塘江在浙江的重要地位。钱塘江从浙江东部汇入东海，在入海口处由于潮汐作用，会引发巨大的潮水。这种奇特的江潮景观十分壮观，每年都会吸引许多人前来观看。

鲁迅故里和沈园

提起鲁迅的家，你会想到百草园还是三味书屋？或者是他刻在书桌上的“早”字？其实，这些都还完好地保存在绍兴的鲁迅故里。鲁迅故里的东侧是沈园，是南宋时期一位沈姓商人的私人园林，由于诗人陆游的《钗头凤》词而著名，陆游还在这里留下了“伤心桥下春波绿，曾是惊鸿照影来”的诗句。

普陀山

你可能没听说过普陀山，但一定知道观音菩萨。相传普陀山的紫竹林是南海观音菩萨修道的地方，如今山上还矗立着南海观音像。四面环海的普陀山是佛教名山，有“人间第一清静地”的美誉。

雁荡山

雁荡山由北宋科学家沈括在《梦溪笔谈》中的文章而闻名。这是一座因火山喷发和流水侵蚀而形成的山，景观十分奇特，沈括在文中形容它为“天下奇秀”。后来，明朝旅行家徐霞客也曾游历雁荡山，在《徐霞客游记》中留下了相关的记载。

吃在浙江

▲ 东坡肉

▲ 西湖醋鱼

▲ 荷叶粉蒸肉

▲ 龙井虾仁

▲ 宁波汤圆

▲ 嘉兴肉粽

福建

沿着浙江省向南，就到了我国的东南沿海地区。这一带人口稠密，交通便利，经济发达。其中福建省位于东海和南海的交通要道上，自古以来海上贸易就十分繁盛，是海上丝绸之路、郑和下西洋的起点。

武夷山

东南沿海一带地势平坦，高山并不多，武夷山便是其中之一。这是由火山岩和花岗岩构成的山脉，主峰黄冈山海拔两千多米,是东南地区最高的山峰,有“华东屋脊”的称号。雄伟的山峰和丰富多样的动植物使得这里成为福建省最大的自然保护区。武夷山还盛产岩茶，著名的武夷山大红袍就来自这里。

三坊七巷

福州建城，可以追溯到两千多年前的汉朝。到了晋朝，福州逐渐兴盛起来，并在城中形成了繁华的商业区。现在福州老城区的三坊七巷，仍保留着明清时期的坊巷风貌，有“明清建筑博物馆”和“里坊制度活化石”的称号。

湄洲岛

沿海居民自古靠海为生，大海无情，人们出海前要祭拜神明，祈求平安归来。妈祖就是他们尊崇的保护神，也被称为“天后”“海神娘娘”。湄洲岛是妈祖文化的发源地，相传这里是妈祖诞生和羽化升天的地方，还建有第一座妈祖庙。现在，这里每年都会举行春祭大典，还有各种民俗庙会。

鼓浪屿

福建沿海有许多富有特色的海岸风光，厦门鼓浪屿就是其中的佼佼者。鼓浪屿其实是厦门西南的一座小岛，岛上礁石嶙峋，林木葱茏，景色秀丽，有“海上花园”的美誉。现在的鼓浪屿除了自然景观，还有许多人文景点和休闲、娱乐场所，是许多游客心中的旅游胜地。

吃在福建

▲ 姜母鸭

▲ 客家酿豆腐

▲ 沙茶面

▲ 肉燕

▲ 土笋冻

▲ 烧仙草

台湾

台湾省位于中国东南沿海的大陆架上，东临太平洋，西隔台湾海峡与福建省相望，总面积 3.6 万平方千米。台湾是中国不可分割的一部分，从公元十二世纪中叶开始，中国历代政府就在台湾建立了行政机构，行使管辖权，这是对中国主权和领土完整的有力体现。

台北故宫博物院

台北故宫博物院，又称中山博物院，坐落于台湾省台北市基隆河北岸士林区外双溪，于1965年开馆，并进行多次扩建修缮，是台湾省规模最大的博物馆。占地总面积约16公顷，依山傍水，气势宏伟。为中国宫殿式建筑，主体建筑共4层，白墙绿瓦，正院呈梅花形。

孙中山纪念馆

孙中山先生是中国近代伟大的民主革命家。台北孙中山纪念馆是为了纪念孙中山百年诞辰而建，位于台北市仁爱路四段。馆内除了展览室外，还设有可容纳2500多人的大礼堂，以及演讲厅、图书馆、画廊等。馆外被中山公园环绕，公园里有台北最大的人工湖——翠湖。

台北101大楼

台北101大楼位于台湾省台北市信义区，2004年建成，是台北市的地标建筑。它的主体建筑有101层，每8层为一组，从27层往上逐渐向上扩展成斗形，叠加在一起如同展开的花蕊。整个大楼采用钢骨巨型构架系统，可以抵抗17级强台风，承受10级以上的大地震。

日月潭

日月潭位于台湾省中部南投县的山中，是台湾省最大的天然湖泊。湖中有一个小岛，叫光华岛，将湖分成南北两部分，南边的部分弯弯的像月亮，北边的部分圆圆的像太阳，所以被称为“日月潭”。日月潭的湖水碧绿，湖面如镜，周围群山环抱，景色十分优美，是台湾省著名的风景区。

玉山和阿里山

在台湾省中南部，有一座著名的山脉，那就是玉山。其主峰海拔3952米。冬季时，玉山山顶常有洁白的积雪，远望如玉石般晶莹，因此得名。靠近玉山西边的阿里山素来以谷深林茂、山势雄伟著称，这里盛产高大的树木，有三千年以上的古红桧树留存，被称为“神木”。

吃在台湾

▲ 三杯鸡

▲ 盐酥鸡

▲ 大肠包小肠

▲ 卤肉饭

▲ 凤梨酥

▲ 担仔面

广东

众多大江大河在入海处会由于泥沙堆积，形成肥沃的三角洲。广东省位于珠江三角洲地区。这里地势平坦，水网纵横，海陆交通便利，人口密集且经济发达。其境内有深圳、珠海、汕头三大经济特区，并且与香港、澳门一起组成粤港澳大湾区，通过港珠澳大桥连接。

四大名山

广东南部是珠江三角洲平原，北部则多山地和丘陵。省内有“四大名山”，分别是惠州罗浮山、佛山西樵山、肇庆鼎湖山和韶关丹霞山。

▲ 罗浮山是道教名山，山中瀑布泉水众多，风景优美，文化气息浓厚，有“岭南第一山”的美誉

▲ 西樵山上有飞瀑美景，被誉为“南粤理学名山”，山下的禄舟村是武术大师黄飞鸿的故乡，建有黄飞鸿狮艺武术馆

▲ 鼎湖山因山顶有湖而得名，山间层峦叠嶂，珍贵林木众多

▲ 丹霞山是丹霞地貌的典型代表，它的山体几乎与地面垂直，峭壁上可以见到一层层粗细相间的岩层，是几千万年来地球内部构造运动和外部流水、风沙等共同作用的结果

七星岩

在鼎湖山西南十几千米处，有一个巨大的湖泊，名为星湖。其特色在于湖滨有七座石灰岩山，就像北斗七星般排列着，故得名“七星岩”。七星岩下有溶洞，洞里不仅有千姿百态的钟乳石，还有许多自唐朝以来的历代石刻。

海陵岛大角湾海上丝路

古代中国通过丝绸之路与世界各地进行经济、文化交流。随着陆地丝绸之路衰落，海上丝路日渐繁荣。广东是海上丝路的重要起点之一，从这里可以抵达非洲和地中海沿岸。阳江的海陵岛大角湾景区，设有海上丝路博物馆，可以在这里见证海上丝路的繁荣面貌。

开平碉楼

碉楼是形状像碉堡的住宅。最早起源于明朝，但兴盛起来则是在清朝后期。那时有华侨带着从海外积攒的财富回到家乡，却遭到土匪的抢掠。为了保护家族财产，人们便将房屋建造成了碉堡样式。现在江门开平市还保留有许多碉楼，成为我国华侨文化的纪念丰碑。

广州塔

古老的广州城如今已成为一座现代化大都市，城内有许多高楼大厦，最著名的是广州电视塔，又叫广州塔。它的塔身上小下大，在腰部收缩变细，因此被亲切地叫为“小蛮腰”。广州塔是广州的地标建筑，塔顶有观景平台，还有摩天轮、极速云霄等众多游乐设施。

鸦片战争博物馆

18世纪末，英国向中国大量走私鸦片，导致国内烟毒泛滥，白银外流。1839年，林则徐来到广东查禁鸦片，在虎门海滩当众销毁200多万斤鸦片，史称“虎门销烟”。如今，东莞虎门还留有当时修筑的炮台遗址，并建有鸦片战争博物馆，向人们讲述着那段沉重的历史。

吃在广东

▲ 肠粉

▲ 白切鸡

▲ 艇仔粥

▲ 古井烧鹅

▲ 顺德鱼生

▲ 虾饺

香港

在中国南海之滨，珠江口东侧、深圳南边，有一座繁荣的大都市——香港特别行政区。香港自古以来就是中国的领土，明清时期曾属于新安县，也就是现在的深圳所在地。1840 年，英国发动鸦片战争，之后强迫清政府签订不平等条约，强占香港。新中国成立后，中国政府与英国政府进行了多轮谈判，香港最终在 1997 年 7 月 1 日回归祖国的怀抱。

港珠澳大桥

港珠澳大桥是一座跨越海洋的超大型桥梁，全长55千米，由海底隧道和桥梁两部分组成。大桥从香港国际机场附近的香港口岸人工岛开始，向西横跨南海伶仃洋水域，连接广东珠海市和澳门特别行政区人工岛，最终止于珠海洪湾立交。这座壮观的大桥因其超大的建筑规模、超高的建筑难度、超强的建造技术闻名于世，彰显了我国桥梁建设的先进水平。

星光大道

20 世纪初，电影传入香港，历经半个世纪的发展逐渐成熟。20 世纪 70—80 年代可以说是香港电影的黄金时代，涌现了许多至今仍在流传的经典作品。星光大道正是为了表彰香港电影界的杰出人士以及香港电影对影坛的杰出贡献而修建的。在这里，人们可以看到众多香港电影明星的手印和塑像，感受香港电影的辉煌。

金紫荆广场

紫荆花，学名红花羊蹄甲，是香港的市花。1997年7月1日香港回归祖国，香港特别行政区成立，中央人民政府向香港赠送一座名为“永远盛开的紫荆花”的金紫荆铜像雕塑。雕塑被安放在香港会议展览中心前的广场上，面朝大海，这个广场因此被称为金紫荆广场。广场另一侧是香港回归祖国纪念碑，与雕塑相互辉映。

太平山和浅水湾

香港特别行政区由香港岛、九龙、新界和周边的二百多个岛屿组成，其中香港岛是最早发展起来的地区。香港岛的一大半面积被山地占据，其中最大、最高的就是太平山。太平山顶是高级住宅区，也是香港著名的旅游胜地，在这里的观景台可以俯瞰香港和维多利亚港的夜景。顺着太平山南面下来，可以到达浅水湾，这是一处美丽的海湾，享有“东方夏威夷”之称。

吃在香港

▲ 避风塘炒蟹

▲ 港式叉烧

▲ 车仔面

▲ 菠萝包

▲ 鸡蛋仔

澳门

澳门位于珠江口的西岸，这里自古就是中国的领土，过去属于广东省香山县，也就是现在的中山市。鸦片战争后，葡萄牙人借机强占澳门。直到 1999 年 12 月 20 日，澳门终于回归祖国的怀抱，设立澳门特别行政区。

澳门历史城区

澳门历史城区位于澳门特别行政区澳门半岛，以澳门旧城为中心，串联起逾20个历史建筑。其范围东起东望洋山，西至新马路靠内港码头，南起妈阁山，北至白鸽巢公园。澳门历史城区承载了澳门四百多年中西文化交流的历史精髓。

◀ 大三巴牌坊的前身是圣保禄教堂。这是一座天主教堂，后来被毁于一场大火，剩下的教堂正面前壁就是大三巴牌坊

▶ 大炮台位于大三巴牌坊东侧，原本是为了保护教堂里的教士而兴建的，后来转为军事用途，成为澳门防御系统的核心

◀ 岗顶剧院是一所西式剧院，建筑带有明显的希腊风格

▶ 郑家大屋是中国近代思想家郑观应的故居，它的建筑风格是传统岭南院落，却又受外来文化的影响

◀ 妈阁庙又叫妈祖阁、天后宫，是供奉观音和妈祖的庙宇，建筑很有中国特色

金莲花广场

莲花是澳门的市花。1999年12月20日澳门回归祖国之际，中央人民政府向澳门赠送一座金莲花雕塑，名为“盛世莲花”。雕塑被安放在为庆祝澳门回归而修建的金莲花广场上。2000年9月，澳门政府在广场上安装了旗杆。从那以后，金莲花广场每天早上都会举行庄严的升国旗仪式。

澳门塔

在澳门半岛南端，有一座高塔矗立在海边，与珠海遥遥相望。这就是澳门最高的建筑——澳门塔，也是世界著名的观光塔。站在澳门塔的观光台上，可以俯瞰整个澳门和珠海的景色，十分壮观。塔上还有许多娱乐设施，最让人震撼的莫过于高空蹦极项目。在不到 20 秒的时间里，从 200 多米高空一跃而下，能让人感受到非同一般的高空体验。

吃在澳门

▲ 葡国鸡

▲ 猪扒包

▲ 葡式蛋挞

▲ 水蟹粥

▲ 木糠布甸

海南

沿着广东一路向南，就来到了中国最南端的省——海南省。这是一个由岛屿组成的省，包括海南岛和西沙群岛、中沙群岛、南沙群岛的岛礁及其海域，是我国最大的海洋大省。这里也是我国黎族、苗族、回族、壮族等少数民族聚居的地方，具有浓厚的民族风情。

五公祠

海南距离中原地带较远，古代曾是官员常被贬谪的地方。这些官员将中原文化带到了海南，给当地百姓的生活带来了很大的影响。五公祠便是纪念被贬来海南的唐代李德裕和宋代胡铨、李光、李纲、赵鼎这五人的。另外，宋代大文豪苏轼也曾被贬到海南儋州，中途在海口借宿时曾指导当地民众挖井，人们因此修建苏公祠纪念他，位于五公祠旁边。

呀诺达雨林文化旅游区

海南属于热带地区，有着不同于内陆的热带景观，呀诺达雨林就是一个典型的热带雨林。雨林位于海南岛南部的保亭黎族苗族自治县，“呀诺达”在当地方言中是“一二三”的意思。来到这里，可以欣赏空中花园、植物绞杀、独树成林和藤本攀附等雨林景观。

天涯海角

说起海南最著名的旅游胜地，还要属三亚。三亚在海南岛的最南端。在三亚下马岭的海滩上，有上百块大小不等的奇石，其中正中间的那块圆柱形巨石上刻有“天涯”两个字。在这块石头的西面还有一块大石，上面刻着“海角”两个字。古时候交通闭塞，被流放而来的人觉得这里就是大地的尽头，就留下了“天涯海角”的称呼。

南山海上观音

南山在三亚市西南。这是一座佛教名山，历来被人们认为是有福之地。中国人祝寿时常说的“福如东海，寿比南山”，指的就是这里。南山有许多和佛教相关的景点，其中最著名的就是海上观音像。这座观音像矗立在南山寺海边的水中，高 108 米，三面六臂，脚踏 108 瓣莲花宝座，十分庄严肃穆。

吃在海南

▲ 文昌鸡

▲ 和乐蟹

▲ 海南斋菜煲

▲ 海南鸡饭

▲ 抱罗粉

广西

广东的西邻，就是广西壮族自治区。这里聚居着众多少数民族，其中三分之一是壮族。广西地理位置独特，南有北海、防城港等重要港口，西南与越南接壤，西北则属于云贵高原，分布着典型的喀斯特地貌和丹霞地貌，丘陵散布，河谷纵横，形成了瑰丽奇绝的山水景观。

花山岩画

广西是一个历史悠久的地方，春秋战国时期属于百越之地。花山岩画就是古代壮族人的画作，主要分布在崇左市宁明县明江沿岸的悬崖峭壁上。画像以人物为主，大的有 3 米多高，小的只有 30 厘米，形象古朴逼真，是研究壮族古代历史和文化的重要资料。

独秀峰

提起广西的美景，就绕不开桂林。“桂林山水甲天下”，这句名传天下的话就来自桂林独秀峰的摩崖石壁。独秀峰有“桂林第一峰”的美誉，山壁上还有古人镌刻的“南天一柱”几个大字。明朝时，独秀峰附近是靖江王府所在地，曾有 14 位靖江王在这里居住，形成了独具一格的藩王文化。

漓江

桂林的水域以两江四湖为代表，两江就是漓江和桃花江。漓江源自桂林北部猫儿山下的大溶江，江水自北向南流过桂林，两岸是典型的喀斯特地貌景观，山脉蜿蜒，流水曲折，山中有洞，洞中怪石，形成了“山清、水秀、洞奇、石美”的“四绝”美景，素来有“百里漓江、百里画廊”的美誉。

象鼻山

在漓江和桃花江交汇的地方，坐落着一座奇特的山峰。它的样子就像一头大象，正伸着鼻子喝水。正因如此，这座山便被称为“象鼻山”。“象鼻”与“象身”之间的圆洞称为“水月洞”，洞内有宋朝陆游、范成大等文人的诗文石刻。象鼻山风景优美，是桂林山水的典型代表，曾被央视评选为“中国最美赏月地”。

吃在广西

▲ 田螺鸭脚煲

▲ 阳朔啤酒鱼

▲ 柳州螺蛳粉

▲ 梧州纸包鸡

▲ 马蹄糕

贵州

广西的西北与贵州接壤。贵州全省都在中国西南部的云贵高原上，属于典型的丹霞地貌和喀斯特地貌。省内多山，西北地势最高，向东北和东南降低。贵州历史悠久，少数民族众多，分布着苗族、布依族、彝族等民族。相传成语“夜郎自大”中的夜郎国，曾在贵州一带。

黄果树瀑布

贵州最有名的景点当属黄果树瀑布。这是亚洲最大的瀑布，夏季洪峰时宽 81 米，落差 74 米，水流如同万马奔腾，汹涌澎湃，十分壮观。黄果树瀑布位于安顺市镇宁布依族苗族自治县西南的白水河上，景区内有观瀑亭、望水厅等建筑，可以一览大瀑布的风采。

安顺龙宫

在黄果树瀑布东北30千米处，还有一个著名的景点——安顺龙宫。这是喀斯特地貌形成的溶洞暗河，总长3000多米，水口是一座天池。乘船进入溶洞，能看到洞内石钟乳构成的各种奇特景观。天池水流进溶洞，形成了独特的洞中岩溶瀑布，奔腾咆哮，气势磅礴。

赤水丹霞

丹霞地貌是岩石在亿万年的流水、风沙侵蚀下碎裂而形成的一种特殊地貌，它最典型的特征是岩石中的铁质氧化，形成红色的砂砾层。位于贵州遵义赤水市的赤水丹霞就是典型的丹霞地貌景观，这些红色的岩壁，向我们诉说着地球亿万年的变迁。

遵义会议会址

遵义会议是1935年1月召开的一次中共中央政治局会议，会议确立了以毛泽东为代表的领导地位，明确了中国共产党的路线、方针和政策，在极端危险的情况下挽救了党和红军，意义重大。遵义会议会址位于遵义市红花岗区子尹路96号，我们可以在这里了解这段艰苦的历史，传承红色精神。

青岩古镇和镇远古城

贵州拥有不少历史悠久、文化底蕴深厚的古镇，其中著名的有贵阳花溪的青岩古镇和黔东南的镇远古城。青岩古镇是明清时期的军事重镇，古镇内有保存完好的明清建筑和军事防御设施，街巷铺砌石砖，民居也多用石砌围墙，体现了明清时期的建筑风格。镇远古城则是一个拥有两千年历史的古镇，有一条呈“S”形的河从镇中穿过，将古镇划分为两部分，颇像太极八卦图。

吃在贵州

▲ 酸汤鱼

▲ 肠旺面

▲ 莲渣闹

▲ 丝娃娃

▲ 羊肉粉

湖南

湖南省的“湖”，指的是洞庭湖。这是我国第二大淡水湖，位于长江南岸。湖南省在洞庭湖以南，省内有湘江、资江、沅江和澧水等河注入洞庭湖，再汇入长江。湖南北部属于长江中下游流域的平原地带，是我国著名的“鱼米之乡”。西部、南部则以山地和丘陵为主。

凤凰古城

凤凰古城位于湘西土家族苗族自治州。很多人知道湘西，是从著名作家沈从文的小说里了解的。他的代表作《边城》，就描写了湘西地区淳朴自然的风土人情。凤凰古城便是湘西的一个典型的少数民族村寨，古城里有明清建筑，还有少数民族的特色建筑，极具特色。古城还有沈从文故居，是一座具有湘西明清建筑风格的四合古院。

桃花源

东晋文学家陶渊明曾写下千古名篇《桃花源记》，打造了一个人人向往的理想桃源。据说桃花源的原型，就在湖南常德桃源县西南的桃园山下。这里面临沅江，背靠群山，风景十分优美。来到桃花源风景区，可以感受陶渊明笔下的山水美景，还能观看《桃花源记》的实景演出。

崀山

邵阳在湖南中南部，与桂林相邻。这里有一处典型的丹霞地貌景观，就是崀山。崀山属于中等侵蚀程度的丹霞地貌，高低错落的丹霞峰丛与纵横的峡谷交替排列，石峰石柱周围是陡峭的悬崖，露出红色的岩石，十分壮观。

衡山

衡山位于湖南衡阳市，是五岳中的“南岳”，山势绵延上百里，十分雄伟。相传衡山山神是火神祝融，衡山最高峰就叫“祝融峰”。人们将衡山“祝融峰之高，方广寺之深，藏经殿之秀，水帘洞之奇”称为“南岳四绝”。

岳阳楼

提起岳阳楼，很多人都会想起北宋范仲淹的《岳阳楼记》。在这篇文章中，范仲淹借着描写岳阳楼的美景，表达了自己“先天下之忧而忧，后天下之乐而乐”的情怀和“不以物喜，不以己悲”的境界。岳阳楼经过多次修缮，仍保持着古建筑原貌，全楼使用榫卯结构，不用一颗钉子，体现了我国古代工匠的智慧。

吃在湖南

▲ 毛氏红烧肉

▲ 农家小炒肉

▲ 剁椒鱼头

▲ 长沙臭豆腐

▲ 糖油粑粑

江西

江西的名字来源于唐朝时设置的江南西道，春秋时属于楚国、吴国和越国。这里属于长江中游流域，江西北部有我国最大的淡水湖——鄱阳湖。省内有赣江、抚河、信江、鄱江和修水等河注入鄱阳湖，再汇入长江。江西东、西、南三面环山，中间是盆地，北部则是鄱阳平原。

井冈山

井冈山位于江西与湖南的交界处，中国共产党在这里创立了全国第一个农村革命根据地。现在，井冈山地区保存有多处革命旧址遗迹，还建有井冈山会师纪念碑、井冈山革命博物馆、革命烈士纪念塔、烈士墓等，是全国著名的革命纪念地。

滕王阁

和岳阳楼一样，滕王阁因为唐朝文学家王勃的一篇《滕王阁序》而闻名天下。一句“落霞与孤鹜齐飞，秋水共长天一色”，写尽了滕王阁的美景，千年来无人能超越。古老的滕王阁在战乱中被烧毁，如今的滕王阁虽是现代新修的，却仍采用了仿古建筑的形制，碧瓦重檐，气势雄伟。

古窑民俗博览区

瓷器是中国古代的伟大发明，唐宋时期，中国瓷器随着丝绸之路运到海外，令西方人赞叹。江西景德镇是中国的“瓷器之乡”，早在南朝陈时，这里就有制瓷的窑场。到了明清时期，景德镇更是成为全国的瓷业中心，制瓷工艺取得了很高的成就。如今，在景德镇古窑民俗博览区，我们能看到历代古窑和瓷器的展示。

庐山

在江西九江市南部，鄱阳湖和长江岸边，矗立着一座名山——庐山。大诗人李白有诗作《望庐山瀑布》，大文豪苏轼也有“不识庐山真面目，只缘身在此山中”的名句传世。庐山素来以雄、奇、险、秀闻名于世，山中群峰林立，树木葱茏，众多瀑布溪流更是庐山的独特景观。

吃在江西

▲ 藜蒿炒腊肉

▲ 南昌米粉

▲ 烫皮

▲ 石鱼炒蛋

湖北

湖北和湖南相对，在洞庭湖以北。省内有长江最长的支流——汉江，流经湖北省西北和中部，在武汉汇入长江。长江与汉江在湖北中南部冲积形成了物产丰饶的江汉平原，东部、西部、北部则多山地。春秋战国时期，湖北属于楚国，因此这里也是楚文化的发祥地。

赤壁古战场

东汉末年，孙权和刘备联手，在赤壁之战大败实力强大的曹操，奠定了三国鼎立的局势。位于咸宁的赤壁古战场，据说就是这场战役的发生地。历经上千年的沧桑变化，赤壁古战场仍留存有当年的遗迹。另外，这里还建有赤壁大战陈列馆和众多英雄的石雕像，人们可以追溯当年的历史。

古隆中

古隆中是三国时期蜀汉丞相诸葛亮的家乡。他曾在这里种田读书，直到刘备三次前来相请，才将他请出山，也留下了“三顾茅庐”的佳话。如今襄阳市西南汉江边的隆中山便是当年诸葛亮居住的地方。这里群山环抱，林木繁盛，除了留存有诸葛亮当年生活的遗迹，还有武侯祠、三顾堂、古隆中牌坊等。

黄鹤楼

同为江南名楼，黄鹤楼也有许多文人题诗作文，最著名的当属崔颢的《黄鹤楼》。李白也有“故人西辞黄鹤楼，烟花三月下扬州”的名句传世。黄鹤楼矗立在武汉市武昌区长江岸边的蛇山之上，自古就流传着仙人乘鹤归去的传说。如今的黄鹤楼是现代新修的，楼外有铸铜的黄鹤造型，楼阁的八方飞檐设计如同飞行的黄鹤，十分独特。

东湖

东湖是长江岸边的湖泊，位于武汉市东郊。这里不仅景色优美，而且是武汉最大的楚文化游览中心，沿岸有毛泽东亲笔书写的《离骚》手迹刻的碑文。有相传李白曾在这里观看放鹰的遗址放鹰台，还有新石器时代的屈家岭文化遗址。另外，东湖周围还有武汉大学、华中科技大学等众多高校，文化气息十分浓厚。

武当山

武当山位于湖北西北部十堰市丹江口，是一座道教名山，相传东汉阴长生、唐朝吕洞宾、五代宋初陈抟、明朝张三丰等道教名人都曾在这里修炼过，武当山上也因此留下了许多道观。武当山还常出现在武侠小说中，在有些故事里，描写了张三丰成为武当功夫创始人的过程，为武当山赋予了更多传奇色彩。

神农架

在湖北西部的大巴山区，紧邻重庆的地方，有一片已存在上千万年的原始森林，相传远古时期，炎帝神农曾在林中架木为屋，这里因此被称为“神农架”。走进神农架，各种珍稀植物随处可见，许多植物有着巨大的药用价值，被誉为“百草园”“天然药园”。除此之外，神农架还生活着金丝猴、华南虎、金雕、大鲵等许多国家重点保护动物。

西陵峡

三峡是长江上游三段峡谷的合称，湖北境内的西陵峡是其中最长的一段。江水在陡峭的山崖间流过，湾急、石奇、谷幽、洞绝，沿岸还有为纪念爱国诗人屈原而修建的屈原祠。20世纪末，在西陵峡修建三峡水利枢纽工程，俗称“三峡大坝”，既解决了长江的洪水威胁，又通过水力发电缓解了能源压力。

吃在湖北

▲ 清蒸武昌鱼

▲ 沔阳三蒸

▲ 排骨藕汤

▲ 荆州鱼糕

▲ 荆沙甲鱼

▲ 热干面

重庆

重庆是我国西南地区和长江上游最大的城市，也是我国面积最大、人口最多的直辖市。隋朝时因从城中流过的嘉陵江古称渝水，而得名“渝州”，南宋以后改为重庆。古老的巴渝文化就是从这里发源的。重庆是一座典型的山地城市，又有长江干流横贯全市，城市依山傍水而建，形成了独具一格的空间布局。

巫峡神女峰

巫山坐落在重庆和湖北的交界处，山势曲折，形状如同一个“巫”字。长江从山中蜿蜒流过，形成了长江三峡中的巫峡。巫峡西起重庆巫山县城东大宁河口，东至湖北省巴东县官渡口，峡谷曲折幽深。著名的巫山十二峰矗立在长江两岸，十分壮观。其中又以神女峰最为著名，它的峰顶有一块人形石柱，形态宛若一个亭亭玉立的少女，因此得名“神女峰”。

巫山小三峡

大宁河是长江的一个支流，在巫山县东巫峡口汇入长江。在此之前，大宁河蜿蜒穿行于巫山峡谷之中，形成了龙门峡、巴雾峡、滴翠峡，人称“小三峡”。这里不仅有峻岭奇峰、飞瀑清泉、悬崖洞穴等天然美景，还有保存完好的古代巴人悬棺、船棺，以及绝壁上的古栈道遗迹。另外，在滴翠峡处，大宁河的支流马渡河上，还有长滩峡、秦王峡、三撑峡三处峡谷，比小三峡更小，因此被称为“小小三峡”。

朝天门码头

嘉陵江是长江上游的一条支流，它从陕西省凤县东北的嘉陵谷流出，向西南方向从略阳流向四川广元，经过苍溪、阆中、蓬安、南充、武胜等地，从重庆北部流入，到市区汇入长江。嘉陵江和长江交汇的地方，就是朝天门码头。这里是两江枢纽，自古便是交通繁忙之地，江面船帆林立、舟楫穿梭，江岸街巷纵横、商业繁盛。相传古代时，皇帝有圣旨传来，或派上级官员来重庆，都是从这里上岸，“朝天门”的名字便由此而来，“天”指的就是天子。

洪崖洞

从朝天门码头沿着嘉陵江向西走大约1500米，就会看到一片极具特色的吊脚楼建筑，镶嵌在江岸的悬崖峭壁之中，这就是鼎鼎大名的洪崖洞。这里原是峭壁上的一处天然石洞，洞的上方曾经是一座城门——洪崖门。在明朝时，这一带已发展为繁华的商业街区。后来，洪崖门在战乱中被损毁，人们便在这里依山势搭建起吊脚楼和石板阶梯，抗日战争时期更是成为重庆人民的避难所。现在的洪崖洞是2006年拆迁重建而成的，在峭壁上建有13层吊脚楼群，并安装了整体灯光系统。每当夜幕降临，璀璨的灯火勾勒出错落有致的建筑轮廓，仿佛来到了童话中的神秘城堡，令人沉醉其中。

人民解放纪念碑

重庆在抗日战争中有着重要的战略地位，为抗日战争提供了重要的物资和人力支持。抗日战争取得胜利后，重庆市修建了纪念碑。1941 年建成时，命名为“精神堡垒”，1947 年在纪念碑旧址上修建新的抗战胜利纪功碑，1950 年改名为“人民解放纪念碑”。这块碑矗立在洪崖洞南面的广场上，重庆人亲切地称它为“解放碑”。

现在，解放碑一带已建起了繁华的商业步行街，穿过现代化的商铺和熙熙攘攘的人群，便能看到安静矗立的解放碑，在向我们讲述着永不屈服的抗战精神和来之不易的胜利。

大足石刻

大足石刻位于重庆市大足区，是唐、五代、宋朝时开凿的石窟，明清两代仍在继续开凿，分布在大足西南、西北和东北的山区，规模十分庞大。其中宝顶山摩崖造像和北山摩崖造像规模最大，造像也最精美。石窟中主要是佛教的石像，除此之外，还有道教的造像以及将儒、释、道放在同一个石窟里的三教造像。大足石刻的人物形象具有浓厚的生活气息，处理手法灵活多样，并富有地方色彩，体现了中国石窟艺术的独特风格。

吃在重庆

▲ 歌乐山辣子鸡

▲ 万州烤鱼

▲ 泉水鸡

▲ 重庆火锅

▲ 酸辣粉

▲ 怪味胡豆

四川

春秋战国时，四川是巴国、蜀国的领地，宋朝时在这里设置西川路和益、梓、利、夔四路，称为“川峡四路”，简称“四川”。四川省位于中国西南部，地形多样。东部的四川盆地被高山和高原环绕，西部的川西高原则是青藏高原的一部分。独特的地形也孕育出四川特有的美景。

阆中古城

从重庆沿着嘉陵江逆流而上，在嘉陵江中游岸边有一座古城，那就是阆中古城。阆中古城景区位于阆中市内，这里有为纪念三国时期蜀汉大将张飞而修建的汉桓侯祠，还有代表清朝科举文化的川北道贡院，以及自汉唐以来道教和佛教留下的诸多寺庙道观。还可以欣赏三面江水环绕，四面青山围抱的自然美景。

三星堆遗址

四川是古蜀文化的发祥地，早在五千年前的新石器时代就有人类居住。三星堆遗址便是中国新石器时代至商周时期早期蜀文化遗址，位于德阳广汉市南兴镇。不同于这一时期中原地带的文明遗址，三星堆遗址中出土有高大的青铜立人像、人头像、龙形青铜器、虎形青铜器、跪坐人像，还有黄金制作的面具、饰品等，都显示出高超的青铜铸造技术和黄金冶炼加工技术。

九寨沟

四川省西部与西藏相邻，九寨沟就位于四川省阿坝藏族羌族自治州。这是白水沟上游白河南岸的一条大支沟，“九寨”得名于以前曾分布在沟内的九个藏族村寨。九寨沟地处川西高原的崇山峻岭中，自然风光十分优美。在这里可以欣赏大小不一的高山湖泊、湖泊之间的飞瀑流泉、连绵起伏的雪山群峰、葱郁幽深的山间林莽，还能看到大熊猫、金丝猴、羚牛等十几种国家级保护动物在野外生存的场景，十分难得。

大熊猫繁育研究基地

四川省是野生大熊猫的繁衍地，但在20世纪80年代时，四川省邛崃山上的冷箭竹开花枯死，导致一部分大熊猫因缺少食物而生病。为此，成都市人民政府决定建立大熊猫繁育研究基地，除了救治病饿的大熊猫，还能强化大熊猫的科学研究，提高大熊猫的繁育水平。如今，大熊猫繁育研究基地内已经有超过200只大熊猫，是全球最大的圈养大熊猫人工繁殖基地。

都江堰

岷江是长江上游的支流，在四川省中部。岷江发源于岷山南麓，从山区流向成都平原时，流速变慢，容易产生淤堵，形成水灾。但是，聪明的成都人早在战国时期就解决了这个问题。秦昭王时，蜀地郡守李冰带人察访水脉，因地制宜，因势利导，基本上完成了都江堰的排灌水利工程。从此以后，都江堰不断得到扩建和维护，在岷江上运行了两千多年，使得成都平原成为“沃野千里”。

青城山

青城山是一座道教名山，因为山的形状如同一座城而得名，相传东汉张道陵曾在这里修道。山上有天师“降魔”的掷笔槽、试剑石、天师池、唐玄宗手诏碑等文物遗迹，还有三十六峰、一百零八胜景，素来有“青城天下幽”的美誉。

峨眉山

峨眉山在峨眉山市西南，以山峰相对如同女孩子弯弯的眉毛而得名。峨眉山是一座佛教名山，相传这里曾经是普贤菩萨的道场，如今山上还有很多佛寺，金顶处的宝光奇观更是吸引了许多人的目光。不仅如此，峨眉山山势雄伟，风光秀丽，有“峨眉天下秀”的美誉。

乐山大佛

乐山大佛位于四川省乐山市，岷江、大渡河和青衣江交汇处的峭壁上。大佛最初是唐朝僧人海通提议修建的，历时 90 年才修建完成。这是一尊弥勒佛像，高达 71 米，体态魁伟，端庄慈祥，头与山峰齐平，堪称是古代雕刻史上的奇迹，彰显了我国古代劳动人民的智慧。

吃在四川

▲ 回锅肉

▲ 麻婆豆腐

▲ 夫妻肺片

▲ 担担面

▲ 钟水饺

云南

云南省因古时候在云岭以南而得名，但人们似乎更喜欢叫它“彩云之南”。这得益于云南省独特的地理位置和文化特色。云南省地处我国西南边境，西部与缅甸接壤，南部与老挝、越南相邻。在地形上，云南省西部被横断山脉环绕；东部属于云贵高原；南部河谷多山间盆地和断层湖。这里还是我国少数民族最多的省份。所有这些，都赋予了云南独有的传奇色彩。

昆明滇池

昆明地处云南省中部，是云南省的省会。冬季，从西伯利亚来的冷空气经过长途跋涉，再加上这里的高空盛行西风，所以昆明总是沐浴在晴朗温暖的西风气流中，享有“春城”的美誉。晴朗的天气也造就了昆明四季花开的美景。云南省最大的湖——滇池就在昆明，湖岸边山清水秀，风景宜人，十分美丽。

云南石林

石林是典型的喀斯特地貌，由水流沿着岩石缝隙不断溶蚀和侵蚀形成。岩石在流水的侵蚀下，成为高大的突出石柱，中间有很深的溶沟。云南石林是最典型的石林景观，位于昆明石林彝族自治县内，是“中国南方喀斯特”的组成部分。这里的岩柱高达 40 米，形状也十分奇特。每年农历六月，当地彝族人会在这里举行盛大的火把节，十分壮观。

红河哈尼梯田

云南省南部的红河哈尼族彝族自治州，属于高原山区，多山地，少平原，为了种植水稻，世代居住在这里的哈尼族人将山坡一层层开垦成平地，修成了台阶状的梯田。梯田随着山势起伏变化，遍布红河州各县，总面积达百万亩。从高空俯瞰，梯田就像一幅雕刻出的山水画卷，向我们诉说着哈尼族人利用和改造自然的勇气和智慧。

西双版纳

西双版纳傣族自治州，简称“西双版纳”。“西双版纳”是傣语的音译，意思是“十二千田”。明朝时，这里被划分为十二个单位，每个单位称为一个千田，因此而得名。西双版纳地处热带，气候高温多雨，干湿季分明，有我国唯一的热带雨林保护区。在这里，我们不仅可以欣赏奇特的热带雨林景观，还能看到蜂猴、孔雀雉等多种国家级保护动物。

玉龙雪山

玉龙纳西族自治县隶属于丽江市，玉龙雪山位于玉龙纳西族自治县北。在纳西语中，这座山被叫作“吉乌鲁”，意思是“银峰”。雪山由12座山峰组成，从北向南蜿蜒而来，宛如一条玉龙，因此而得名。雪山山顶终年积雪，景色雄伟壮丽，被纳西族视为“神山”。

丽江古城

在玉龙雪山东面不远的地方，坐落着一个古城建筑群，那就是丽江古城。古城的形状像一块碧玉做的大砚，以四方街为中心，周边围绕着具有民族特色的古建筑，街道依山傍水，景色优美。古城周围还有白沙和束河两座古镇，也很具有纳西族的传统特色。

香格里拉

“香格里拉”是藏语的音译，意思是“心中的日月”。在藏传佛教中，意味着理想中的净土和世外桃源。后来，人们认为云南迪庆藏族自治州的中甸县十分符合这个词的意思，就将这里改名为“香格里拉”。香格里拉不仅有冰雪覆盖的雪山，江山奔流的峡谷，还有风景绝美的普达措国家公园。来到这里，仿若置身于一个童话的国度，能让人忘了现实的烦恼。

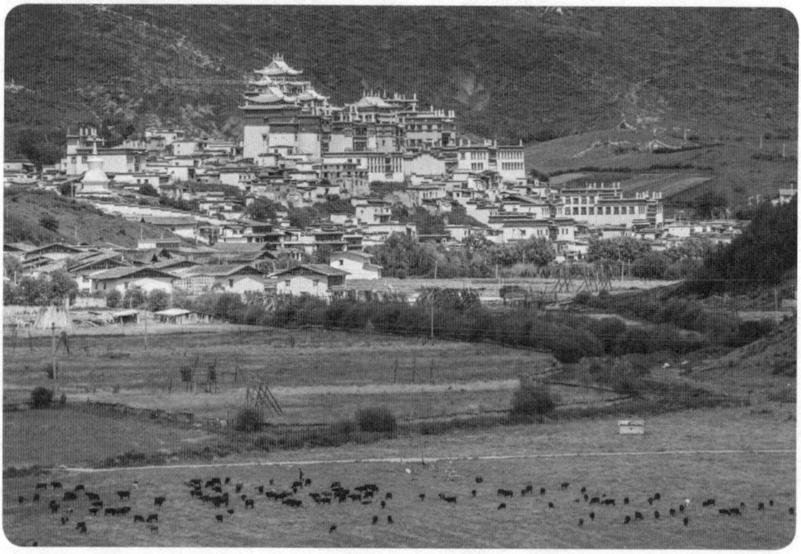

吃在云南

▲ 汽锅鸡

▲ 鲜菌火锅

▲ 过桥米线

▲ 鲜花饼

▲ 香茅草烤鱼

西藏

位于中国西南部的青藏高原是世界海拔最高、中国最大的高原，享有“世界屋脊”的美誉。西藏自治区占据青藏高原的主体部分，这里地势很高，平均海拔达4000米，地形也复杂多样。在文化方面，这里自古就是藏族的聚居地，也是藏传佛教的发源地。奇特的自然景观和神秘的宗教传说，使得西藏成为许多人心中的“圣地”。

雅鲁藏布大峡谷

雅鲁藏布江从西藏南部的喜马拉雅山冰川流出，是中国海拔最高的大河。河水一路向东流，经过日喀则、拉萨、山南、林芝，在林芝排龙门巴族乡一带，围绕一座山峰形成U字形大拐弯，造就了雅鲁藏布大峡谷。这是世界上最大的峡谷，两侧高峰与谷底的高差达6000米。冰川、绝壁、陡坡、洪流，构成了大峡谷地带雄奇壮观的自然景象。

布达拉宫

布达拉宫，坐落于西藏自治区的首府拉萨市区西北玛布日山上，是世界上海拔最高，集宫殿、城堡和寺院于一体的宏伟建筑，也是西藏最庞大、最完整的古代宫堡建筑群。布达拉宫始建于唐朝，由当时的吐蕃首领松赞干布主持修建，后来历经多次修缮。如今的布达拉宫共十三层,依山而筑,内有宫殿、正厅、灵塔、佛殿、经堂、平台和庭院等。其建筑为木石结构，群楼高耸,五座灵塔殿宫顶覆盖着镏金瓦。宫殿金碧辉煌，气势雄伟，体现了汉藏文化的融合和藏族精湛的建筑艺术。

大昭寺

大昭寺在今西藏拉萨市中心。唐朝时，松赞干布迎娶文成公主来到西藏，促进了西藏地区和中原的文化交流。大昭寺是文成公主入藏后修建，至今寺内还供奉有松赞干布和文成公主的塑像，另外还有尼泊尔墀尊公主的塑像。大昭寺融合了多民族的建筑风格，大殿高四层，上面覆盖着金顶，远远望去宏伟壮丽，金碧辉煌。

珠穆朗玛峰

雅鲁藏布江的源头喜马拉雅山，是世界海拔最高的山脉。“喜马拉雅”是藏语的音译，意思是“冰雪之乡”。山脉的主峰——珠穆朗玛峰，是世界上最高的山峰，海拔 8848.86 米。它位于中国和尼泊尔的交界处，北坡在中国境内，南坡在尼泊尔境内。山峰十分陡峭，地形险峻，山脊和峭壁之间分布着巨大的冰川，享有“世界第三极”的美誉。

唐古拉山口

西藏东北部与青海相邻，在它们的交界处矗立着一座大山，名为“唐古拉山”，在藏语中的意思是“高原上的山”。中国最长的河流——长江，就是从这里发源的。若要从青海入藏，就必须经过唐古拉山口。这里也是中国最高的山口，海拔 5220 米。著名的青藏铁路就从这里经过，由于海拔高、线路长而被人们称为“天路”。

吃在西藏

▲ 风干牦牛肉

▲ 蒸牛舌

▲ 酥油茶

▲ 糌粑

▲ 藏面

新疆

在中国的版图上，新疆位于中国西北部，其地域辽阔，面积占全国陆地总面积的六分之一。新疆南部有昆仑山，北部有阿尔泰山，中部的天山将新疆分为南疆和北疆两部分，又有准噶尔盆地和塔里木盆地，形成了“三山夹两盆”的地形特点。

喀什古城

喀什古城位于新疆维吾尔自治区喀什地区喀什市内，帕米尔高原东北麓。古城不仅是古丝绸之路的重要驿站，也是维吾尔族居民的生活区。在这里，人们可以感受浓郁的维吾尔族民族风情，也可以领略古代西域城市独特的丝路文化。

克孜尔千佛洞

克孜尔千佛洞位于新疆阿克苏地区克孜尔乡东南，开凿于木扎特河河谷北岸的悬崖之上，又被叫作“赫色尔石窟”。现在石窟中已经没有塑像，只有部分壁画留存。这些壁画的艺术风格带有明显的民族特色，并有不少古龟兹文的题记，是中国古代少数民族的艺术创作。

塔克拉玛干沙漠

新疆气候干燥，沙漠分布广泛，我国最大的沙漠——塔克拉玛干沙漠就位于南疆的塔里木盆地中部。有趣的是，这里的沙丘会不断流动，形成复杂多样的风沙地貌。尽管环境恶劣，但仍有生物生存。胡杨就是塔克拉玛干沙漠的代表性植物，生长在起伏沙丘中成片的胡杨林，成了沙漠中最亮丽的风景线。塔克拉玛干沙漠腹地还有大片古老王国的遗址，最有名的便是沙漠东缘罗布泊一带的楼兰古国遗址。

那拉提草原

伊犁河从天山流出，是新疆水量最丰富的河流。充沛的河水为河谷地带带来了湿润的气候和丰富的自然资源。伊犁河谷素来有“塞上江南”的美誉，河谷中有许多草原，那拉提草原便是其中之一。草原不仅有集蓝天白云、冰川雪峰、森林峡谷于一体的自然景观，还洋溢着浓郁的哈萨克族的民族风情，是集中反映哈萨克族传统生活的“露天博物馆”。

天山天池

天池是神话传说中西王母居住的地方，古人称它为“瑶池”。这是一处高山湖泊，位于天山东段最高峰博格达峰半山腰，海拔 1980 米。天池湖水碧绿，平静的湖面如同一面镜子，映照着湖岸云杉环绕、雪峰耸立的美景，令人心旷神怡，仿佛置身仙境。

火焰山

在名著《西游记》中，唐僧师徒曾被火焰山所阻，不得不去借铁扇公主的芭蕉扇来扇灭火焰。火焰山的原型便在新疆吐鲁番盆地中北部。现实中的火焰山当然没有火焰。它是一座由红砂岩构成的山，山体是红色的。这里的气候十分炎热，山上寸草不生，沟壑纵横，夏天地表最高温能达到75℃以上。汹涌的热浪笼罩在火红的山体上，远望确实如同火焰一般。

葡萄沟

新疆日照充足、气候干燥，有利于瓜果生长和积累糖分，所以新疆的水果总是特别甜。吐鲁番的葡萄、哈密的甜瓜，都是新疆有名的水果。葡萄沟就是因盛产葡萄而得名。这里和火焰山相距不远，却林木繁盛、空气湿润、气候凉爽，与火焰山形成了鲜明的对比。

吃在新疆

▲ 大盘鸡

▲ 烤羊肉串

▲ 椒麻鸡

▲ 烤包子

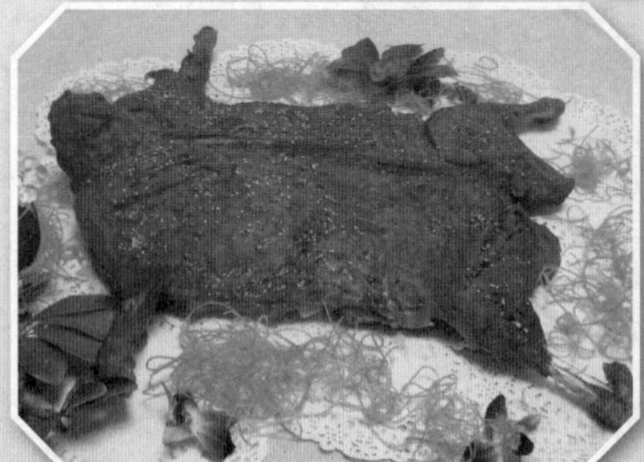

▲ 烤全羊

▲ 手抓饭

青海

青藏高原东北部就是青海省。省内有唐古拉山、昆仑山、祁连山等山脉，中部有柴达木盆地，山地、盆地、高原相间排列，地形复杂，地貌多样。这里还是长江、黄河、澜沧江的发源地，丰富的水资源滋养了广阔的天然草场，使青海成为我国的主要牧区之一。

昆仑山

昆仑山从西部的帕米尔高原向东绵延，横贯新疆、西藏，进入青海境内。这是一座古老的山脉，在我国神话中有着重要的地位，被称为“仙山”。昆仑山山口堆积的冰川、山谷冻结膨胀隆起的草丘以及形态各异的山石，形成了一幅独特奇丽的风景画卷，让人感受到这座历经亿年的山脉的宏伟与雄奇。

可可西里

可可西里是蒙古语的音译，意思是“青色的山梁”。它横贯在西藏自治区北部与青海省西部，是昆仑山脉东段南支。这里是青藏高原的腹地，海拔高，气候干旱寒冷，环境十分恶劣，不适合人类居住，却也因此成为各种野生动物的栖息地。青海玉树设有可可西里自然保护区，保护藏羚羊、野牦牛、藏野驴、藏原羚等珍稀野生动物。

三江源

青藏高原腹地水系发达，我国的两条“母亲河”——长江与黄河，还有西南地区的澜沧江，都发源于此。其中长江源自青海西南部唐古拉山脉的各拉丹冬峰；黄河源自青海巴颜喀拉山脉雅拉达泽山麓；澜沧江也源自青海唐古拉山。青海玉树建有三江源国家公园，将长江源头、黄河源头、澜沧江源头区域全部纳入国家公园范围，实现源头区域生态系统和野生动物栖息地完整保护。

青海湖

青海湖位于青海东北部大通山、日月山、青海南山间，是中国面积最大的高原内陆咸水湖。“青海省”就得名于境内的青海湖。青海湖是控制西部荒漠化向东蔓延的天然屏障，对维护青藏高原的生态具有重要作用。湖岸风景优美，更有广大的草场，是我国重要的畜牧业生产基地。青海湖还是水鸟的重要繁殖地，湖心的鸟岛是数万候鸟的栖息地，是中国鸟类自然保护区。

察尔汗盐湖和茶卡盐湖

柴达木盆地东南部地势平坦,有大片沼泽和盐湖。盆地中央的察尔汗盐湖是中国最大的盐湖,“察尔汗”在蒙古语中是“盐泽”的意思。湖中盐分饱和,结成很厚的盐层,盐湖上公路和铁路穿行而过,称为“万丈盐桥”。盆地东端的茶卡盐湖因盛产“大青盐”而有名,是青海著名的盐产地。盐湖四周雪山环绕,湖中的盐映着天上的云,如同漫步在云端。

吃在青海

◀ 清蒸牛蹄筋

▲ 尕面片

▲ 酿皮

▲ 老酸奶

甘肃

从青海东北方向离开青藏高原，就来到了黄土高原。甘肃省便位于青藏高原和黄土高原的交界处，地形以山地、高原为主。西部为青藏高原边缘地带，多荒漠；东部为起伏较大的黄土高原，有黄河及其支流流过。甘肃省是黄河上游的重要省份，也是丝绸之路的重要通道。

莫高窟

甘肃西部与新疆东南交界的地方，是一大片沙漠。在沙漠的边缘，甘肃敦煌东南，坐落着我国著名的石窟——莫高窟。相传早在东晋时期，就有僧人在这里开始凿窟造像。后历经隋、唐、宋、元，石窟逐渐形成规模，清朝时，石窟曾遭受重大破坏。现存壁画和雕塑作品492窟，塑像3000余身，反映了我国从公元5世纪到14世纪历代造型艺术的发展情况。

鸣沙山月牙泉

“鸣沙山”虽然称为“山”，但实际上是一种沙漠地貌。细小的黄沙堆积成山，最高处海拔有1715米。人们从山顶滑下时，沙子会随着人体下坠而发出尖锐的声音，“鸣沙山”的名字便由此而来。山的北麓有一个月牙形的湖泊，人称“月牙泉”。虽然周围都是流沙，月牙泉却从未干涸，堪称沙漠中的奇观。

酒泉卫星发射中心

酒泉位于甘肃西部，多沙漠戈壁，地面空旷，人烟稀少。再加上这里地处内陆，气候干燥，多晴朗天气，大气透明度高，因此成为发射卫星的适宜地点。酒泉卫星发射中心创建于1958年，1970年成功发射中国第一颗人造地球卫星——东方红1号，此后又相继发射不同用途的卫星，还进行过一系列导弹和运载火箭试验。

嘉峪关

甘肃西北部在古代是连接中原和西域的交通要道，

从武威、张掖、酒泉到嘉峪关，绵延上千千米，由于在黄河以西，人称“河西走廊”。嘉峪关便是河西走廊最西边的一处关隘口，也是明长城的终点。嘉峪关依山而筑，地势险要，是古代丝绸之路的交通要道，有“天下雄关”之称。

七彩丹霞

七彩丹霞是丹霞地貌的典型代表。这里在千万年前曾是宽广的湖泊，后来经过漫长的地质演化，大量因风化作用形成的红色砂砾岩碎屑沉积于湖底，形成了巨厚的红色岩层，上面又覆盖了一层白色的泥岩。由于张掖丹霞的垂直节理发育，一层一层的纹路特别明显，远远望去，非常震撼。

吃在甘肃

▲ 陇西腊肉

▲ 酸烂肉

▲ 兰州牛肉面

▲ 浆水面

宁夏

宁夏回族自治区，地形南北狭长，地势南高北低，西部高差较大，东部起伏较缓。宁夏西北有贺兰山纵贯，南部有六盘山绵延，黄河则从中部流过，给沿岸的银川平原带来了肥沃的土壤和丰富的水源，这一带也被称为“塞上江南”。

沙坡头

宁夏与甘肃、内蒙古交界的地方是一片沙漠，名为腾格里沙漠。沙坡头就位于沙漠东南边缘，中卫市西部。和鸣沙山一样，沙坡头的沙子也会在人滑下时发出鸣声。现在的沙坡头是国家级沙漠生态自然保护区，沙漠中有美丽的绿洲，可以在这里同时感受大漠的雄奇景观和绿洲的秀丽美景。

青铜峡

青铜峡位于吴忠市北部的青铜峡市，是黄河上游的一个大峡谷。峡谷长约 8200 米，最宽处约 600 米，更有宁夏第一座黄河桥梁及西夏时期的喇嘛式实心塔群等人文历史景观。峡谷口建有青铜峡水利枢纽工程，不仅起到了灌溉、发电的功能，还对防治黄河水患有着巨大的作用。

水洞沟

银川灵武市临河镇横山堡村发现了距今3.8万～1.7万年的旧石器时代遗址，这就是水洞沟遗址。遗址出土有人类顶骨化石，还有野马、野驴、羚羊等数十种动物的化石，以及远古人类制作的石器用品。在这里不仅可以见证远古人类留下的痕迹，还可以欣赏大自然经过千万年的风沙雕蚀造就的雅丹地貌。

西夏王陵

宋朝时，党项人在宁夏一带建立西夏王朝，与宋、辽、金曾多次交战，后被蒙古所灭。西夏王陵便是西夏历代帝王的陵墓，一共有11座，位于银川西贺兰山东麓。每座陵园的面积都在10万平方米以上，地面建筑宏伟，既有唐宋时期的传统形式，又有民族风格，是人们了解西夏历史的重要文物。

吃在宁夏

▲ 吴忠白水鸡

▲ 烩羊杂碎

▲ 燕面揉揉

▲ 羊肉搓面

▲ 蒿子面

陕西

陕西省是黄河中游的重要省份，也是华夏文明重要的发源地，古丝绸之路的起点。省会西安古称“长安”，是中国定都朝代最多的城市，西周、秦、汉、隋、唐等十四个政权都在这里建都。陕西省内古迹众多，还有秦岭、华山等自然景观，旅游资源十分丰富。

延安革命遗址

延安是陕西北部的重要城市。1937年至1947年，延安一直是中共中央所在地，是中国革命的指导中心和总后方，有“革命圣地”之称。如今的延安城内有多处革命遗址，包括王家坪中共中央军事委员会旧址、凤凰山中共中央旧址、杨家岭中共中央旧址、陕甘宁边区政府旧址、南泥湾革命旧址等，还建有延安革命纪念馆、中共中央西北局纪念馆等，供人们参观纪念。

黄帝陵

黄帝是中国古代的一位帝王，中华民族的祖先。黄帝陵又叫“黄陵”，相传是轩辕黄帝的陵墓，在今陕西省延安市黄陵县城北的桥山上，史书上称“桥陵”，是历代帝王和名人祭祀黄帝的场所。

秦始皇陵及兵马俑坑

秦始皇陵位于西安临潼区城东的骊山北麓，是我国历史上第一位皇帝嬴政的陵墓。秦始皇陵四周分布着许多形制不同的陪葬坑和墓葬，其中最著名的便是号称“世界第八大奇迹”的兵马俑坑。这些兵马俑根据现实中的秦朝军队形象塑造，形象生动，工艺精湛，看起来十分逼真，再现了秦军战车万乘、奋击百万的宏伟场面。

华清宫

华清宫是唐代帝王的别宫，始建于唐太宗时期，以温泉著称，最初名叫汤泉宫。唐高宗时改名温泉宫，唐玄宗时扩建，改名为华清宫。安史之乱爆发后，华清宫被烧毁，现在的华清宫景区是在唐朝华清宫遗址的基础上修建而成的。

大雁塔

大雁塔，位于西安市南部大慈恩寺内。隋唐时期，佛教十分兴盛。西安作为当时的都城，也就成为佛教修建寺院的首选之地。大慈恩寺便是唐高宗为母亲修建的佛寺。后来玄奘法师从天竺取经回来，为了存放取回的经书，便提议修建了大雁塔。大雁塔原本有5层高，之后慢慢增高到10层，又经历战火，现留下7层，高64.7米，是现存最早、规模最大的唐代四方楼阁式砖塔。

华山

华山位于陕西渭南华阴市，是五岳中的“西岳”。“华”在古代和“花”字相通，因为山形远望像花，所以得名“华山”。这是一座断层山脉，由一整块花岗石构成，有东、南、西、北、中五峰并列，山路崎岖，断壁悬崖，以奇险著称，素来有“自古华山一条路”的说法。

吃在陕西

▲ 葫芦鸡

▲ 奶汤锅子鱼

▲ 带把肘子

▲ 牛羊肉泡馍

▲ 岐山臊子面

▲ 腊汁肉夹馍

山西

山西省在太行山以西，位于黄河中游，有着悠久的历史。山西地处黄土高原东部，是一个被黄土覆盖的山地高原，地形复杂多样。总体来说，省内东部是以太行山为主的山地，西部是以吕梁山为主干的高原，中部是一列串珠式的盆地，以及分布在东西山地之间的河流谷地。

壶口瀑布

黄河从宁夏向北流入内蒙古，转而向东，又急转向南，沿着山西西部和陕西的交界处奔流而下。到了山西临汾市吉县与陕西延安市宜川县时，黄河两岸骤然收束，河水在这里奔流湍急，形成了我国第二大瀑布，由于两岸狭窄如同壶口，得名“壶口瀑布”。瀑布宽 30 ～ 50 米，落差 20 米，泻入一个大石潭中，如雷声轰鸣，气势磅礴。

平遥古城

平遥古城位于山西中部的晋中市平遥县，这里地处太原盆地西南、汾河中游，自上古时期就有人类活动。古城始建于西周时期，在明清时曾得到大规模重建和扩建，是现今中国保存最完整的一座古城。古城整体呈方形，整座城池对称布局，城墙、店铺、街道、寺庙、民居……共同组成了一个庞大的建筑群，体现了中原的传统建筑风格和城市规划特色。

晋祠

西周时，周成王将弟弟叔虞封在唐地（今临汾市翼城）。后来，宗族的一支迁往晋阳，也就是今天的太原。晋祠便是为纪念唐叔虞而建的祠，在太原西南悬瓮山下。祠内有圣母殿、唐叔祠、关帝庙等建筑，其中圣母殿是晋祠的主殿，供奉的是唐叔虞的母亲邑姜。殿内保存有宋代精美的侍从塑像、种植于周朝的柏树以及相传不会枯竭的难老泉，并称为“晋祠三绝”。

五台山

五台山位于山西省忻州市，有五座山峰耸立，因峰顶平坦如同平台，故而得名“五台山”。又因山上气候寒凉，盛夏也没有暑热，也被称为“清凉山”。这是一座佛教名山，山上有许多佛寺，著名的有南禅寺、佛光寺、显通寺等。相传这里是文殊菩萨显灵说法的道场。五台山与普陀山、九华山、峨眉山并称为“中国佛教四大名山”。

恒山

恒山位于山西东北部，是五岳中的“北岳”。相传舜帝巡狩四方时曾来到这里，看到恒山山势雄伟，就将它封为“北岳”。恒山一百零八峰绵延150千米，主峰玄武峰在大同浑源县东南，恒山的古迹名胜大多集中在这里。最著名的当属悬空寺，寺庙建在一块凸出的峭壁上，凌空30多米，建筑物与石崖浑然一体，设计十分精巧。

云冈石窟

云冈石窟位于山西大同武周山，是中国著名的石窟。主要的石窟都是在北魏迁都洛阳前完成的，现存洞窟 53 个，塑像超过 5 万尊，最大的有 17 米高。石窟塑像的雕刻风格继承了汉代石刻艺术的传统，但也吸收了一部分外来元素，其中既有印度、中西亚的艺术元素，也有希腊、罗马的建筑造型和装饰纹样等，反映出华夏文明与世界各大文明之间的渊源。

吃在山西

▲ 过油肉

▲ 太谷饼

▲ 刀削面

▲ 莜面窝窝

内蒙古

内蒙古是我国最早成立的民族自治区，内蒙古位于蒙古高原，阴山山脉从中部横贯。北部是广阔的草原和戈壁；南部有黄河流过，形成了土地肥沃的河套平原；西南部是鄂尔多斯高原；东北部则是大兴安岭。自治区内草原众多，是我国重要的畜牧业基地。

王昭君墓

王昭君墓，又称“青冢”，位于呼和浩特市南郊大黑河南岸。昭君是西汉人，名嫱，字昭君。昭君出塞后，积极在匈奴传播先进的中原文化，使匈奴与汉朝和平相处几十年。她死后，匈奴人感念她的功绩，将她葬在一片水草丰美的山坡上。

响沙湾

中国有三大鸣沙山，除了甘肃敦煌的鸣沙山和宁夏中卫的沙坡头，第三座就是内蒙古鄂尔多斯的响沙湾。鄂尔多斯北部分布着一片大沙漠，名为库布齐沙漠，响沙湾就在库布齐沙漠的边缘。与前两座沙山相似，响沙湾也是沙漠地貌，沙山高约 50 米，沙子会随着人下滑而发出鸣声。又因响沙湾的沙子鸣声格外大，便有了“响沙之王”的美誉。

成吉思汗陵

孛儿只斤·铁木真是元朝建立的奠基者，被蒙古各部推为大汗，尊为“成吉思汗”。他一生战果累累，死后受到无数人的祭奠。位于鄂尔多斯伊金霍洛旗草原上的成吉思汗陵，就是为他修建的衣冠冢。成吉思汗陵宫的主体是三个蒙古包式样的宫殿，整个陵园的造型如同一只展翅飞翔的雄鹰，显示出蒙古游牧民族的独特艺术风格。

阿拉善盟胡杨林

胡杨是杨柳科的一种落叶乔木，具有耐盐碱、耐干旱、耐严寒、抗风沙的特点，生长速度较快，是唯一能在沙漠中长成树林的高大树木。在阿拉善盟西南部的腾格里沙漠里，就有这样一片胡杨林。它是世界三大原始胡杨林之一，是广袤的沙漠里一道亮丽的风景线，在防风固沙、涵养水源、保护绿洲和维护沙漠生态系统等方面发挥着重要作用。

呼伦贝尔草原

内蒙古草原面积辽阔，比较著名的有呼伦贝尔草原、科尔沁草原、锡林郭勒草原、乌兰察布草原、乌拉特草原、鄂尔多斯草原等。呼伦贝尔草原在内蒙古东北部。草原广阔壮丽，风景优美，水系丰富发达，形成了山水相映、林草同辉的独特风光。另外，这里牧草丰富，是世界著名的天然牧场。

吃在内蒙古

▲ 手扒羊肉

▲ 卓资山熏鸡

▲ 全羊席

▲ 烤羊腿

▲ 奶皮子

黑龙江

沿着内蒙古向东，就来到了中国的东北地区。位于最北部的是黑龙江省，其北部和东部都与俄罗斯相邻。黑龙江西北有大兴安岭，东部和东南有小兴安岭、完达山，有丰富的森林资源；西部是肥沃的黑土地——松嫩平原，盛产粮食；东部有黑龙江、松花江和乌苏里江合流形成的三江平原，多沼泽地带，有丰富的动植物资源。

北极村

大兴安岭地区漠河的北极村是中国最北端的城镇。这里的纬度很高，虽然不在北极圈，但也能看到极光，还有神奇的极昼现象。每年夏至前后，北极村几乎一整天都是白昼，就算夜晚也能看到灰白的天空，仿佛清晨或傍晚时候那样。这时候如果天空晴朗，万里无云，便能看到天空出现绚丽多彩的北极光。

五大连池

五大连池位于黑河五大连池市西北部，是清朝康熙年间火山喷发时玄武岩阻塞白河所形成的堰塞湖，一共有五个，从南到北称为头池、二池、三池、四池和五池。五个湖泊首尾衔接，就像一串珠链，因此得名。现在的五大连池景区为世界地质公园，周围有 14 座火山群峰耸立，素有“火山博物馆”之称。

冰雪大世界

黑龙江省地处东北，是我国冬季最长、气温最低的省份，冰期长达半年。凭借着气候优势，哈尔滨每年冬天都会推出大型冰雪艺术精品工程，用冰雕刻出主题乐园，这就是冰雪大世界。冰雪大世界始建于1999年，是为了迎接千禧年而推出的，至今已举办了26届，每一届都会推出不同的主题。

太阳岛

松花江是黑龙江最大的支流。它从黑龙江省南部流入，自西向东穿过哈尔滨，到佳木斯同江市流入黑龙江。太阳岛就是松花江上的一个岛屿，岛上林木幽深，环境幽静。岛北部建有太阳岛公园，有水阁云天、长堤垂柳等景点，是当地著名的避暑游览胜地。

镜泊湖

牡丹江是松花江的支流，在黑龙江省东南部，自南向北流经牡丹江市。镜泊湖就在牡丹江上游的群山中，由于火山熔岩阻塞牡丹江上游的河道而形成，是我国最大的熔岩堰塞湖。湖周围有火山群，湖区风景优美，有吊水楼瀑布、大孤山、小孤山、珍珠门等名胜古迹。

吃在黑龙江

▲ 锅包肉

▲ 小鸡炖蘑菇

▲ 猪肉炖粉条

▲ 酱骨头

▲ 大丰收

▲ 东北大拉皮

吉林

黑龙江省的南邻，便是吉林省。吉林省位于东北中部，东临俄罗斯，东南与朝鲜相邻。省内东部为长白山地区，山岭起伏，地势错综，多河谷盆地，是我国重要的林区，以人参、貂皮、鹿茸等特产著名。西部则为松辽平原的一部分，农业和畜牧业都十分发达。

长白山天池

长白山位于吉林省东南延边朝鲜族自治州，是中朝两国的界山。这是一座巨大的休眠火山，山体由火山喷出的岩浆冷却后的岩石构成，大多是白色的，因而得名“长白山”。山顶的天池是典型的火山口湖，湖的内壁是白色岩石和粗面岩组成的悬崖峭壁。长白山现在是国家级自然保护区，不仅有典型的火山地貌和湖岸美景，还有东北虎、梅花鹿、紫貂等珍稀动物。

东北虎豹国家公园

东北虎是我国国家一级保护动物，主要分布在长白山、小兴安岭等处。东北虎豹国家公园位于吉林省和黑龙江省的交界处，长白山支脉老爷岭南部。公园里不仅有数量稳步增长的野生东北虎、东北豹，还有紫貂、梅花鹿、金雕、丹顶鹤等国家一级保护动物。

雾凇岛

松花江起源于长白山天池，从吉林市穿城而过。冬天，温差会使松花江水产生雾气，久不消散。在一定条件的作用下，江面的大量雾气遇冷后以霜的形式凝结在周围粗细不同的树枝上，形成了大面积的雾凇奇观。雾凇岛便是吉林市松花江上的一座小岛，也是观赏雾凇景观的最佳地点。

查干湖

嫩江是松花江的北源，霍林河则是嫩江的支流，它们交汇的地方由于河道淤积，排水不畅，便形成了吉林省最大的湖泊——查干湖。这是一个典型的堰塞湖，湖区有丰富的渔业资源，自辽金以来历代帝王都会到查干湖巡幸游乐和渔猎。时至今日，查干湖还保留着冬捕的习俗。湖区还设置有自然保护区，保护栖息在这里的东方白鹳、黑鹳、丹顶鹤等珍稀鸟类。

吃在吉林

▲ 鲶鱼炖茄子

▲ 溜肉段

▲ 地三鲜

▲ 延吉冷面

▲ 熏肉大饼

辽宁

辽宁省位于东北南部，南临黄海和渤海，因省内有辽河流过而得名。省内中部为辽河平原；东部为辽东丘陵，以千山山脉为主干，南端深入大海，构成辽东半岛，沿海渔业和盐业十分发达；西部为辽西丘陵，有大凌河、小凌河贯穿其间。

本溪水洞

本溪水洞是数百万年前形成的大型溶洞，在本溪市东部山区太子河畔。洞口在峭壁下，附近山峦苍翠，连绵起伏。进洞 20 米就是水域，纵深 2800 余米。一条蜿蜒的地下河贯穿全洞，洞中的水常年不干涸，清澈见底，可以在上面划船。洞身迂回曲折，洞中石钟乳、石笋、石柱形态各异、自然成趣，宛如龙宫仙境。

沈阳故宫博物院

清朝是女真族首领努尔哈赤建立的政权，原本叫后金。后金势力逐渐扩大后，都城先迁到辽阳，又迁到沈阳。沈阳故宫便是努尔哈赤和皇太极的宫殿，也是中国现存的完整度仅次于北京故宫的古代帝王宫殿建筑。沈阳故宫博物院是在沈阳故宫基础上建立的古代文化艺术博物馆，陈列展览清朝皇宫的各种文物。

辽沈战役纪念馆

辽沈战役纪念馆，位于辽宁省锦州市凌河区，于1959年1月正式成立，占地18万平方米，建筑面积14201平方米，是社会科学类战史专题博物馆，也是国家一级博物馆，馆藏文物上万件，共分12个大类，全面展现东北解放战争的历史，再现辽沈战役的胜利过程。

红海滩

辽宁中南部的盘锦市地处辽河下游，南临辽东湾。在辽河入海的地方，有一片极具特色的红海滩。每到秋天，海边的碱蓬草就慢慢变红，远望一大片红色铺满整个海滩，十分壮观。丰富的水资源和四季分明的气候条件使得这里成为候鸟的天堂，红海滩一带栖息着黑嘴鸥、丹顶鹤、苍鹭等鸟儿，被誉为“丹顶鹤的故乡”“黑嘴鸥之都”。

吃在辽宁

▲ 葱烧辽参

▲ 海味全家福

▲ 赛熊掌

▲ 咸鱼饼子

▲ 老边饺子

▲ 牛庄馅饼